Novena para se libertar da insônia

Felipe G. Alves

Novena para se libertar da insônia

EDITORA VOZES

Petrópolis

© 2010, Editora Vozes Ltda.
Rua Frei Luís, 100
25689-900 Petrópolis, RJ
www.vozes.com.br
Brasil

3ª edição, 2015.

Todos os direitos reservados. Nenhuma parte desta obra poderá ser reproduzida ou transmitida por qualquer forma e/ou quaisquer meios (eletrônico ou mecânico, incluindo fotocópia e gravação) ou arquivada em qualquer sistema ou banco de dados sem permissão escrita da editora.

Diretor editorial
Frei Antônio Moser

Editores
Aline dos Santos Carneiro
José Maria da Silva
Lídio Peretti
Marilac Loraine Oleniki

Secretário executivo
João Batista Kreuch

Editoração: Fernando Sergio Olivetti da Rocha
Diagramação: AG.SR Desenv. Gráfico
Capa: Omar Santos

ISBN 978-85-326-3957-8

Editado conforme o novo acordo ortográfico.

Este livro foi composto e impresso pela Editora Vozes Ltda.
Rua Frei Luís, 100 – Petrópolis, RJ – Brasil – CEP 25689-900
Caixa Postal 90023 – Tel.: (24) 2233-9000
Fax: (24) 2231-4676

INTRODUÇÃO

Infelizmente, 40% dos brasileiros são torturados pela insônia, prejudicando-lhes o trabalho, a convivência do dia seguinte e a alegria de viver. No entanto, Jesus não experimentou esse mal: até mesmo durante uma tempestade Ele dormia em seu barco: "Um dia, Jesus entrou com os discípulos num barco e lhes disse: 'Vamos passar para a outra margem do lago!' E eles partiram. Enquanto navegavam, Jesus adormeceu. Desabou uma tempestade de vento sobre o lago, o barco começou a se encher de água e eles corriam perigo. Aproximaram-se de Jesus e o acordaram, dizendo: 'Mestre, mestre, vamos morrer!' Ele acordou, repreendeu o vento e o furor das águas, que serenaram e tudo voltou à calma" (Lc 8,22-24).

Você também não precisa mais sofrer com a insônia. Para isso é que essa novena foi elaborada. Mas, antes, conheça um pouco mais do que vem a ser esse problema universal.

Insônia pode ser descrita como incapacidade de conciliar o sono, que pode acontecer no começo, no meio ou no fim dele. Ela é tão prejudicial que exige a consulta com um bom profissional. A ausência do sono reparador pode trazer danos para a saúde física e mental de qualquer pessoa. Como quase todo o mundo necessita de 7 a 8 horas de sono por noite, como essa gente sofre! E pra que sofrer? Ela pode ser eliminada, seja pelo tratamento médico, seja pela eliminação de suas causas, seja também através dessa novena. Oração e ciência médica; ciência médica e oração, como falou o sábio antigo: "Filho, ao adoecer não se descuide: **rogue ao Senhor** e Ele vai curá-lo.[...] E **recorre depois ao médico**, pois também a ele o Senhor criou; e não se afaste de você, pois dele igualmente necessita" (Eclo 38,9.12).

De onde vem a insônia?

Ela pode surgir de problemas orgânicos e psíquicos, seja porque a quantidade de serotonina não está equilibrada, seja por causa do estresse, seja por causa da depressão, seja por causa de problemas que a pessoa esteja carregando. E o uso exagerado de cafeína, álcool e outras drogas? Tristes noites desses pobres viciados!

Recomendações

Não adianta nada fazer a novena para que Deus resolva tudo, sem sua participação. Alguma coisa você também tem que fazer:

- Como é importante eliminar o álcool e o cigarro antes de ir para a cama! Cuidado também com a soneca excessiva de manhã ou de tarde! E por que não se acostumar a um horário certo para dormir e despertar?
- Por que não diminuir o consumo de cafeína, que se encontra nos chocolates, na Coca-Cola® e no café?
- Sabia que um copo de leite morno também ajuda? Não só leite, mas também chás à base de ervas, como erva-doce, erva-cidreira ou camomila.
- Sabia que um banho morno ajuda a relaxar o corpo, trazendo aquele sono tranquilo?
- Sabia que os colchões muito macios ou muito duros podem provocar esse mal noturno?
- Já percebeu que exercícios físicos são bons para evitar insônia? Só que não devem ser feitos logo antes de ir para a cama.

- Já percebeu que uma música calma ajuda a dormir que nem pedra? Sons da natureza, como chuva, ondas do mar ou canto das aves são recomendados.
- Por que não usar técnicas de relaxamento, visualizando uma cena ou paisagem que lhe agrade?
- Se a insônia aparecer, por que ficar brigando contra ela? Se o sono não vem, que tal sair da cama e fazer algo relaxante, como tomar chá ou banho ou ler algo leve, até que ele volte?
- Se você não consegue parar de pensar nos compromissos do dia seguinte, mesmo quando for dormir, coloque caneta e papel junto da cama e escreva o que vier à mente. Sem medo de esquecer alguma coisa séria, você ficará com a mente mais fresca.

Uma observação sobre o modo de fazer a novena

Por favor, não leia a novena inteira, de uma só vez, do começo ao fim. Cada um dos 9 dias tem suas orações próprias, com suas meditações intercaladas.

1º DIA – AQUELE BOM SONO É NORMAL PARA QUEM ESTÁ EM PAZ COM DEUS

Oração inicial (veja no início da novena)

Palavra do Bom Pai: Filho, como é gostoso dormir bem! Mas, antes, outros requisitos são necessários. "Conserva a prudência e a reflexão, sem jamais perdê-las de vista! Quando se sentar, não terá sobressaltos; **quando se deitar, o sono será tranquilo**" (Pr 3, 21.24). Veja o exemplo de meu servo Pedro: Mesmo preso, acorrentado, sabendo que no dia seguinte seria morto, como estava ele, de noite, na cadeia? Se remexendo todo? Curtindo a maior das insônias? Que ideia! Veja a narração de At 12,3.6-7.

Você: "Vendo que agradava aos judeus, Herodes mandou prender também Pedro. [...] Na noite antes do dia em que Herodes iria apresentá-lo ao povo, **estava Pedro dormindo** entre dois soldados, amarrado com duas correntes, com sentinelas guardando a porta da prisão. Eis que, de repente, um anjo do Senhor entrou e uma luz brilhou na cela. Tocou o lado de Pedro e o acordou, dizendo: 'Levante-se depressa'. Caíram-lhe das mãos as correntes".

Palavra do Bom Pai: Eu quero que você, mesmo cercado de problemas, tenha sempre o sono sereno, capaz de lhe trazer o descanso que você, por ser meu filho querido, bem merece.

Você: Bom Pai do céu, olhe para mim e restaure todo o meu ser, minha integridade física e espiritual, emocional e afetiva! Sei que nada lhe é oculto, desde o mais íntimo de meu ser, até as causas de minha insônia. Já que sou seu filho querido, liberte-me de meus pecados e de todas as suas consequências!

Tempo de meditação: A insônia produzida pela escravidão das paixões

Quem perdeu o poder de curtir um sono calmo, é possível que antes tenha sido ele derrotado pelas paixões. O que seria isso? A Carta aos Gálatas assim vai lhe explicar: "Andem em espírito e não satisfarão a concupiscência da carne! [...] Ora, as obras da carne são manifestas (*e São Paulo cita diversas paixões, entre elas, impureza, ódios, discórdias, ciúmes, bebedeiras, orgias*). Quem praticar tais coisas não será herdeiro do Reino de Deus" (Gl 5, 16.19-21) nem terá sono tranquilo. Ora, convertendo-se, mudando o modo de pensar e de viver, com certeza terá uma noite bem diferente.

Você: (*Após certo tempo de reflexão, deixe seu coração rezar:*) Bom Pai do céu, eu sei que o ódio, a ganância, o medo de tudo perder, a procura cega do prazer nunca conseguem trazer algo de bom. E como dormir sono sossegado, apertado pelas cordas de uma consciência sufocante? Eu tenho mesmo é que andar no Caminho, que é o seu Filho Jesus, e começar a viver a vida limpa e sem mancha. Assim poderei ter aquele sono contínuo e gostoso que só Jesus tinha, nos braços de sua mãe, a Santíssima Virgem Maria. Amém.

Oração final (veja no final da novena)

2º DIA – É NORMAL TER BOM SONO QUEM SE ABRE PARA A PLENITUDE

Oração inicial (veja no início da novena)

Palavra do Bom Pai: Filho, como é gostoso dormir bem! Mas, antes disso e para isso, outros requisitos são necessários, como estar em sintonia com o universo e viver a soberania que Cristo tem sobre tudo. Veja a minha palavra, na Carta aos Colossenses: "Em Cristo foram criadas todas as coisas, nos céus e na terra, as visíveis e as invisíveis; [...] tudo foi criado por Ele e para Ele. Ele é antes de tudo e tudo subsiste nele" (Cl 1,16-17). Ninguém entendeu tão bem tudo isso como os meus servos Francisco de Assis e o Pe. Alderígi, que viveram o amor a cada um de meus filhos e a cada uma de minhas criaturas, por mais insignificantes que elas parecessem.

Você, louvando o Bom Pai, com as palavras de São Francisco: "Louvado sejas, meu Senhor, com todas as tuas criaturas, especialmente o Senhor Irmão Sol, que clareia o dia e com sua luz nos alumia. E ele é belo e radiante com grande esplendor: De ti, Altíssimo, é a imagem" (*São Francisco de Assis: escritos e biografias*. Petrópolis: Vozes, 1981).

Tempo de meditação: Eu quero que o louvor perdure e que o meu sono seja sempre reparador. Para tanto, como é o meu comportamento diante do universo, diante de tantos seres diferentes e diante de tantas pessoas de mentalidade diversa? Como tenho vivido a não violência no esporte, no trabalho e na vida social? – Se a beleza do mundo depende também de mim, como anda a minha limpeza mental, cultivando a virtude da alegria que esses dois santos espalhavam aos quatro ventos?

Você meditou e procurou novos passos para criar dentro de você essa liberdade dos filhos de Deus. Agora, celebre o Bom Pai pela unidade cósmica que lhe trará sempre aquele sono reparador e reconfortante: "Bendito seja o Deus e Pai de Nosso Senhor Jesus Cristo que dos céus nos abençoou com toda a bênção espiritual em Cristo. Assim, antes da constituição do mundo, nos escolheu em Cristo, para sermos em amor santos e imaculados a seus olhos. Não só. Ele também nos predestinou para sermos adotados como filhos, por Jesus Cristo" (Ef 1,3-5).

Você, revivendo esse hino, proclame sua fé: Eu creio que, antes de criar o mundo, o Senhor já nos tinha escolhido para sermos seus filhos, cheios de santidade e de amor. Creio que toda essa criação se transforma em louvor da glória de sua graça. Creio que todos aqueles que procuram viver essa unidade e fraternidade cósmica formam o louvor de sua glória. Creio que, através de uma espiritualidade universal, é criado um ambiente de paz, que sustenta o sono profundo, gostoso e sem agitação.

Oração final (veja no final da novena)

3º DIA – QUEM CONFIA NO BOM PAI QUE ALIMENTA ATÉ OS PASSARINHOS É NORMAL TER UM SONO GOSTOSO

Oração inicial (veja no início da novena)

Palavra do Bom Pai: Filho, como é gostoso dormir bem! Mas, antes, é necessário jogar fora toda a preocupação e procurar ter aquela paz que você vê no rosto da criancinha, dormindo docemente nos braços de sua mãe. "Pode uma mãe esquecer-se do filhinho que amamenta? Não ter carinho pelo seu maior tesouro? Oh, mesmo que alguma o esquecesse, de você eu nunca me esqueceria" (Is 49, 15).

Leitura bíblica: Olhem os pássaros! – "Não se preocupem com a vida, com o que vão comer, nem com o corpo, com o que vão vestir. Porque a vida é mais do que o alimento, e o corpo mais do que as vestes. Olhem os pássaros: não semeiam nem colhem, não têm despensa nem celeiro, mas Deus os alimenta. E vocês valem muito mais do que os pássaros! Quem de vocês, com suas preocupações, pode aumentar a duração de sua vida de um momento sequer?" (Lc 12,22-26)

Resposta à Palavra de Deus: Bom Pai do céu, eu sei que o Senhor cuida até dos passarinhos. Portanto, todas as minhas preocupações não têm nenhum fundamento. Eu sei que o Senhor vai cuidar de mim, como a mãe cuida do seu filhinho e vela pelo seu sono. Toda a preocupação que eu carregava está lançada no fundo do mar e, livre de todos os pesos, eu entro na segurança de seu barco. Amém.

Oração final (*Antes de dormir, reze essa oração especial para este 3º dia*)

"O Senhor é meu pastor: nada me falta. Em verdes pastagens me faz repousar; conduz-me até às fontes tranquilas e reanima minha vida; guia-me pelas sendas da justiça por causa de seu nome. Ainda que eu ande por um vale tenebroso, não temo mal algum, porque o Senhor está comigo; seu bordão e seu cajado me confortam. [...] Sim, prosperidade e graça me seguem, todos os dias de minha vida; habitarei na casa do Senhor por longos dias" (Sl 23,1-6). Deixe-me, cheio de gratidão, recordar as coisas boas que hoje eu pratiquei. Se eu tiver cometido algum mal, em sua infinita bondade, me perdoe. Peço-lhe ainda que minha noite seja calma e serena, para conforto do meu corpo cansado que, amanhã, precisa estar a serviço de todos. Que meus sonhos sejam lindos e meu acordar cheio de paz e alegria! Com Deus me deito; com Deus me levanto; com a proteção de Jesus e do Espírito Santo. Que Nossa Senhora me cubra com seu sagrado manto!

4º DIA – QUEM CONFIA NO BOM PAI QUE VESTE A ERVA DO CAMPO É NORMAL TER UM SONO GOSTOSO

 Oração inicial (veja no início da novena)

Leitura bíblica: Observem como crescem os lírios do campo! – "E por que se preocupam com as vestes? Observem como crescem os lírios do campo: não trabalham nem fiam. Mas eu lhes digo que nem Salomão, com toda a sua glória, se vestiu como um deles. Se Deus veste assim a erva do campo, que hoje cresce e amanhã será lançada ao fogo, quanto mais a vocês, gente de pouca fé! [...] Não se preocupem com o dia de amanhã. O dia de amanhã terá suas próprias dificuldades. A cada dia basta o seu peso" (Mt 6,28-30.34).

Palavra do Bom Pai: Filho querido, você é precioso a meus olhos. "Pode uma mãe esquecer-se do filhinho que amamenta? Não ter carinho pelo seu maior tesouro? Oh, mesmo que alguma o esquecesse, de você eu nunca me esqueceria" (Is 49,15). Tenho filhos que, à noite, em vez de dormir, ficam construindo castelos esburacados de falência financeira, de medos de perder o emprego, de não encontrar um bom serviço. Em alguns pontos você também não se parece com eles? Por que, então, vive você olhando para os montes, procurando socorro? Você não sabe que o socorro vem de mim, **tão poderoso, que cheguei a fazer o céu e a terra?**

Você: Bom Pai, debaixo de sua sombra protetora, realmente não preciso ter medo de nada. Dê-me apenas um pouco mais de prudência em meus negócios e um pouco mais de simpatia em meu olhar, sentindo que o mundo é mais bonito porque eu nasci. Assim, confiando em sua bondade e em seu poder, verei as portas do bem se abrir para me receber e ser coroado de sucesso.

Exercício para aumentar a confiança em si e no Bom Pai do céu: (Primeiro, leia o exercício e, depois, ponha-o em prática!) *Com os olhos fechados, vá respirando, de modo calmo e tranquilo! Quando sentir que seu corpo todo estiver relaxado, visualize a paz do Menino Jesus, dormindo calminho nos braços cheios de ternura de sua mãe. Pare certo tempo, contemplando essa cena cheia de beleza. A seguir, mude o cenário: Visualize outra cena, mas bem semelhante à primeira: você a dormir tranquilamente nos braços do Bom Pai, sentindo-se inteiramente amado por Ele. Queira curtir essa doce visualização por certo tempo!*

Só depois de praticado esse exercício, faça a sua oração: Glória ao Filho e à sua Mãe Santíssima também, pela paz e segurança que estou sentindo dentro de mim! Amém. Glória ao Filho e à sua Mãe Santíssima também, pelo sono calmo e reconfortante que me faz repousar, como o Menino Jesus repousava nos braços de sua mãe! Amém

Oração final (veja no final da novena)

5º DIA – QUEM PERDOA SEUS INIMIGOS É NORMAL TER UM SONO BEM SOSSEGADO

Oração inicial (veja no início da novena)

Leitura bíblica: Jesus também perdoa quem pecou contra Ele – "Jesus contou aos fariseus a seguinte parábola: Quem de vocês, se tiver cem ovelhas e perder uma, não deixa as noventa e nove no campo e vai em busca da ovelha perdida até encontrá-la? E quando a encontra, com alegria a põe nos ombros, volta para casa e chama os amigos e vizinhos, dizendo-lhes: 'Alegrem-se comigo porque encontrei a ovelha perdida'" (Lc 15,3-6).

Palavra do Bom Pai: Filho querido, como você é precioso a meus olhos! Pena que existem pessoas que, à noite, em vez de dormir, ficam construindo castelos esburacados de mágoas, de ressentimentos e até de ódio. Em algum ponto, você também não se parece com elas? Quer ter um sono tranquilo? Então, não pode se esquecer das palavras de meu filho Jesus: "Amem seus inimigos e orem pelos que os perseguem, para serem filhos de seu Pai que está nos céus. Porque Ele faz nascer o sol para bons e maus e chover sobre justos e injustos" (Mt 5,44-45). Como meu filho ama até aquele que o ofende, tratando-o como o bom pastor trata a ovelha perdida! Faça como Jesus! E assim seu sono será gostoso e profundo.

Você: É verdade: Se eu amar somente os que gostam de mim, que recompensa vou ter? Sim, com a sua força, eu vou amar meus inimigos e rezar pelos que me perseguem. E, assim, terei aquele sono tranquilo, reparador.

Palavra do Bom Pai: É claro que para os meus filhos eu quero todo o bem. Por isso, do jeito que eu amo aqueles que ofenderam você, perdoe a cada um deles e **descubra tudo que eles têm de bom**! E a sua luz vai se espalhar mais e mais e o seu sono será cheio de paz!

Minha resposta: Bom Pai, sim, eu topo sua parada. **Eles estão perdoados** e me decido a descobrir todos os valores que enfeitam seus corações, tanto as boas qualidades familiares como as profissionais, sem me esquecer das espirituais.

Tempo de silêncio (*alguns minutos*), **com os olhos fechados, fazendo a descoberta de tudo de bom que seus ex-inimigos carregam.**

Depois de fazer esse exercício, louve o Bom Pai pelas maravilhas encontradas na vida deles:

"Aleluia! Louvem o Senhor, sol e lua; louvem-no vocês todas, estrelas brilhantes!" (Sl 148). Louvem-no vocês todos, que um dia me feriram e que hoje estão perdoados, porque todos nós estamos debaixo das asas do mesmo Pai! Louvem-no porque o Bom Pai fez grandes coisas em vocês, de tal modo que suas boas qualidades superam de longe as suas imperfeições! Amém.

Oração final (veja no final da novena)

6º DIA – QUEM TEM O HÁBITO DE MEDITAR TODOS OS DIAS É NORMAL TER UM SONO CONTÍNUO

 Oração inicial (veja no início da novena)

Leitura bíblica – o Bom Pai fala no silêncio: O Profeta Elias, no alto do Monte Horeb, estava pronto para ouvir o Senhor, quando surgiu um furacão, depois um terremoto e a seguir veio fogo. No meio de tudo isso, ele não ouviu a voz de Deus. "Finalmente, passado o fogo, percebeu-se **uma brisa suave e amena**. Quando Elias a percebeu, encobriu o rosto com o manto e saiu, colocando-se na entrada da caverna. Então uma voz lhe falou: 'O que está você fazendo aqui, Elias?'" (1Rs 19,12-13).

Palavra do Bom Pai: Filho querido, como você é precioso a meus olhos! No entanto, tenho filhos que, à noite, são assaltados por insônia. E um grande remédio contra ela é o exercício da meditação diária. Ela tem o poder de levar meus filhos a se afastar mais das futilidades e das tensões e a mergulhar mais no amor a si e aos irmãos. Deixe meu Profeta Elias conduzi-lo por esse caminho novo!

Profeta Elias: Paz, meu amigo! Percebeu que o Senhor Deus não falou comigo no barulho? Apenas no silêncio da brisa suave. Como é triste perceber que o mundo moderno invade seu dia a dia, com pressões que entopem sua mente! Ora, sem meditação diária é impossível você se encontrar consigo mesmo. E ela é tão simples: Fechar os olhos, relaxar os músculos e tranquilizar a respiração. E o resultado? Crescimento espiritual e paz profunda que fará seu sono sereno e sem agitação.

Você: Que maravilha! Sei que "é inútil me levantar cedo e retardar o repouso, comendo o pão de fadigas, pois o Bom Pai dará igualmente ao amigo, durante o sono" (Sl 127,2).

Profeta Elias: Meditação é um processo espiritual que levará você a digerir os textos bíblicos, de tal maneira que eles se tornem uma parte viva em sua vida. Para tanto, procure um lugar tranquilo; escolha um trecho curto da Bíblia; leia-o duas ou três vezes e vá descobrindo o que o Bom Pai pede de você, através dele. Se, diariamente, se dedicar 20 minutos, ou até meia hora, na meditação, você vai dar adeus a todo o estresse, tensões e medos. E você vai dar o fruto no tempo certo e a noite será calma, livre do fantasma da insônia.

Você: Como o exercício da meditação é importante! Deixe-me, então, abrir agora meu coração ao meu Deus: Bom Pai, quanto amo sua lei! Todo o dia, nela quero meditar. Quão doces ao meu paladar são as suas promessas: mais que o mel para a boca! Sua palavra é uma lâmpada para meus passos, luz para meus caminhos (cf. Sl 119).

 Oração final (veja no final da novena)

7º DIA – E OS ANJOS VÃO SUBIR E DESCER PELA ESCADA DE JACÓ PARA GUARDAR O MEU SONO

 Oração inicial (veja no início da novena)

Leitura bíblica – Anjos subindo e descendo e o Bom Pai promete proteção para sempre: Jacó, enquanto fugia de seu irmão, teve um sonho: "Via uma escada apoiada no chão e com a outra ponta tocando o céu. Por ela subiam e desciam os anjos de Deus. No alto da escada estava o Senhor, que lhe disse: 'Eu sou o Senhor, Deus de seu pai Abraão, o Deus de Isaac. A você e a sua descendência darei a terra sobre a qual está deitado. Estou com você e o guardarei aonde quer que vá e o reconduzirei a esta terra. Nunca abandonarei você até cumprir o que lhe prometi'" (Gn 28,12-13).

Palavra do Bom Pai: Filho querido, como você é precioso a meus olhos! Viu como Jacó dormiu e teve um sonho lindo? Entre ele e eu, uma escada e os anjos subindo e descendo: sobem, trazendo os sonhos de meu filho; descem, levando minhas bênçãos. Assim também acontecerá quando você dormir. Só lhe peço: Não deixe que eu faça tudo sozinho. Entre em meus planos e colabore comigo!

Você: Só no Senhor descansa minha alma, porque do Senhor me vem a esperança. Só o Senhor é minha rocha de salvação e minha fortaleza baluarte: não vou vacilar (cf. Sl 62).

Palavra do Bom Pai: Se seguir minhas leis e guardar meus mandamentos e os puser em prática, eu estabelecerei a paz em seu coração e **dormirá sem que ninguém o aterrorize** (cf. Lv 26,3-6). Pela escada que liga o céu e a terra, continuam meus anjos a subir e descer, para velar o seu sono bendito e cheio de paz.

Você: Obrigado, Bom Pai. Precisamente porque desejo assumir o seu plano de amor é que eu elevo ao Senhor esta prece: Livre-me, Senhor, do álcool e do cigarro, especialmente, antes de ir para a cama! Fortifique em mim o costume dos exercícios físicos, não imediatamente, é claro, antes de dormir. Também, fortifique em mim o costume do banho morno que ajudará o relaxamento do corpo, trazendo aquele sono bom e reconfortante! Bendito seja o seu nome, porque o Senhor inventou os chás à base de ervas, que afastam as insônias!

Oração final (veja no final da novena)

8º DIA – O VIVER FAZENDO A VONTADE DO PAI PREPARA O SONO CALMO E TRANQUILO

Oração inicial (veja no início da novena)

Leitura bíblica – O amor conduz à fidelidade aos mandamentos, e essa fidelidade constrói vitórias em nossa vida: "O amor de Deus consiste em guardar seus preceitos. Seus mandamentos não são pesados, porque tudo que é gerado por Deus vence o mundo; e a nossa fé é a vitória que venceu o mundo" (1Jo 5,3-5).

Estar aberto à vontade de Deus, se esforçando por cumprir todos os seus mandamentos, esse era o segredo da felicidade e da paz do servo de Deus, Pe. Alderígi: Depois que a doença do Pe. Alderígi se agravou, ele demonstrou estar submetido, realmente, à vontade de Deus. Em meio às maiores dores e provações, só se ouvia sua frase predileta: "Seja feita a vontade de Deus! Seja tudo por amor de Deus e para a salvação dos pecadores!" Tendo sua doença se agravado mais ainda, conservou a calma, o sorriso e a verdadeira conformidade. No céu, seu poder diante de Deus é sem medidas. Veja um simples fato: Ele era grande amigo de Dona Geralda e diversas vezes foi visitá-la. Depois da morte do santo, ela adoeceu. Aquela falta de ar, aquela canseira ofegante, sofrimento que se espichou por dois longos anos. Um dia, voou ao céu essa simples oração da pobre anciã: "Ah! Se o Pe. Alderígi fizesse com que eu sarasse! Iria lhe rezar nove terços, por sua alma!" À noite, enquanto dormia, ela em seu sonho pôde ver o santo, descendo uma escada, vindo em sua direção. Chegou perto dela e lhe disse: "Você não vai ter mais falta de ar. Você vai sarar". Aí, ela acordou e não tinha mais nada[1].

Você: Bom Pai do céu, como é importante viver conforme a sua santíssima vontade! Como tudo isso consegue transmitir paz e alegria, que irão influenciar aquele sono gostoso! Colaborando com o seu querer, assim eu lhe suplico: Livre-me, Senhor, das sonecas excessivas, de manhã ou de tarde! Do consumo exagerado de cafeína, que se encontra nos chocolates, na Coca-Cola® e no café! Senhor, conceda-me o costume de usar técnicas de relaxamento ao ir para a cama! Conceda-me, também, o costume de um horário certo para dormir e despertar! Bendito seja o

---

[1]. Conheça mais esse grande brasileiro e servo de Deus, lendo os livros sobre ele, editados pela Editora Vozes: *Alderígi: gigante com olhos de criança; Alderígi: perfume de Deus em frasco de argila; Novena pedi e recebereis*, que narra nove milagres realizados por esse santo.

seu nome porque o Senhor fez tudo para que meu sono seja sossegado e reparador! Bendito seja o seu nome porque, cada manhã, irei acordar completamente descansado, pronto para ajudá-lo a construir um mundo cheio de paz e de amor. Amém.

 Oração final (veja no final da novena)

9º DIA – CELEBRANDO O BOM PAI QUE LHE DEU AQUELE SONO BENDITO

 Oração inicial (veja no início da novena)

Leitura bíblica – Contemplando a perfeição do universo: "Deus disse: 'Façam-se luzeiros no firmamento do céu para separar o dia da noite. Que sirvam de sinal para marcar as festas, os dias e os anos. E, como luzeiros no firmamento do céu, sirvam para iluminar a terra'. E assim se fez. Deus fez os dois grandes luzeiros: o luzeiro maior para governar o dia, e o menor para governar a noite e as estrelas. [...] E Deus viu que era bom" (Gn 1, 14-16.18).

Palavra do Bom Pai: Meu filho, fiz tudo com amor e por amor de você, escolhido antes de toda e qualquer criação para ser adotado como meu filho. Em você eu me deleito e para você eu quero tudo de bom. Que a lua e as estrelas, sinais de meu olhar protetor, guardem todas as suas noites e, em cada manhã, que você encontre um novo dia para enfeitá-lo com seu sorriso e com seu amor.

Louve o Bom Pai pela maravilha da criação, com a adaptação do Sl 136 e com seu acréscimo:

Dou graças ao Senhor porque Ele é bom, porque eterno é seu amor!

Fez os grandes luminares, porque eterno é seu amor!

O sol, para presidir o dia, porque eterno é seu amor!

A lua e as estrelas, para presidirem a noite, porque eterno é seu amor!

Transbordou os meus dias em paz e alegria, e as minhas noites em sono contínuo e restaurador, porque eterno é seu amor!

Proclame 1Jo 4,16, resumindo tudo e focalizando toda a dinâmica da novena:

DEUS É AMOR, E QUEM PERMANECE NO AMOR PERMANECE EM DEUS, E DEUS NELE.

 Oração final para hoje (trechos adaptados do Sl 91): Já que é assim, não preciso ter medo de nada; apenas curtir a beleza da paz e da proteção divina: "O Bom Pai vai me livrar da rede do caçador e da epidemia funesta. Ele vai me cobrir com suas plumas e, debaixo de suas asas, vou me abrigar; sua fidelidade é escudo e couraça. Não vou temer o pavor da noite nem a flecha que voa de dia. Os anjos vão me levar nas mãos para que meu pé não tropece na pedra.

Palavra do Bom Pai: Já que você se afeiçoou a mim, eu vou protegê-lo, porque conhece meu nome. Se me invocar, vou responder; vou estar com você no perigo; vou libertá-lo e glorificá-lo. Vou saciá-lo com longos dias e manifestar-lhe minha salvação" (Sl 91,1-7.9-16).

Você: (para terminar, cante um "Aleluia", o mais bonito que você souber)

APÊNDICE
Exercício para acabar com a insônia
(Para ser feito em qualquer noite, no momento que sentir que a insônia esteja querendo lhe assaltar.)

(Primeiro, leia o exercício e, depois, ponha-o em prática!) Com os olhos fechados, vá respirando profundamente, de modo sereno e cheio de paz! Relaxe todos os músculos, um por um, da cabeça aos pés. Quando sentir que seu corpo todo estiver relaxado, esvazie a mente de todo e qualquer pensamento, usando a técnica de **apenas sentir todas as partes sensíveis de seu corpo**: Sem pensar em nada, sinta os lábios, um tocando no outro; sinta o cobertor tocando em seu pescoço; depois, sinta as mãos que tocam o cobertor ou sinta o cobertor tocando nelas. O mesmo com as pernas, com os pés. E assim vá sentindo todo o seu corpo. Repita mais vezes esse exercício de apenas sentir o corpo, sem pensar em nada. – Agora vem o mais importante: Como seria impossível sentir qualquer parte de seu corpo se não fosse a presença de Deus, repita todo o exercício, simplesmente **sentindo Deus tocando em você**, parte por parte. Faça isso mais vezes e, em pouco tempo, você estará dormindo o sono mais sossegado que existe.